ESKANE
pou
liv elektwonik anime,
fich vokabilè,
kesyon konpreyansyon,
paj koloryaj,
egzèsis pratik,
e plis toujou

SCAN
for
Animated Audio eBook,
Vocabulary Cards,
Comprehension Questions,
Coloring Pages,
Practical Exercises
and more

La Petite Pétra™

PWOGRAM BILENG
POU TIMOUN

BILINGUAL PROGRAMS
FOR KIDS

18 TIT **12** SERI **5** LANG _{Lòt lang disponib pou kòmand espesyal}	**18** TITLES **12** SERIES **5** LANGUAGES _{Customized languages available on Special Orders}

- LIV FIZIK — PHYSICAL BOOKS
- LIV ELEKTWONIK ANIME — ANIMATED AUDIO EBOOKS
- FICH VOKABILÈ — VOCABULARY FLASHCARDS
- KESYON KONPREYANSYON — COLORING SHEETS
- PAJ KOLORYAJ — COMPREHENSION QUESTIONS
- EGZÈSIS PRATIK — PRACTICAL EXERCISES
- E PLIS TOUJOU — AND MORE

FONDASYON POU BATI SIKSÈ

Fondasyon pou bati siksè se yon seri ki konsantre sou Jesyon Otonòm epi ki fèt pou akonpaye devlopman sosyo-emosyonèl timoun yo byen bonè.

Se yon apwòch estriktire ki bay edikatè zouti pou anseye timoun yo konpetans fondamantal ki pral ede yo bati yon lavi ranpli ak siksè.

Tout leson yo anseye atravè istwa reyèl pou timoun yo ka konprann leson yo. Chak liv vini ak egzèsis pratik ak materyèl adisyonèl ki ede timoun nan konekte leson an ak pwòp lavi yo ak sikonstans yo.

Men kèk egzanp tèm ki kouvri nan seri sa a :

- Enpòtans pou kontinye aprann tout tan
- Enpòtans pou wè chak defi ak difikilte kòm yon opòtinite pou vanse
- Enpòtans pou gen gwo objektif ak rèv
- Konprann lwa rit lavi a
- Enpòtans pou toujou ap pèsevere
- Enpòtans pou gen konsistans
- Aprann defann tèt ou
- Devlope lidèchip pèsonèl
- Lwa sikilasyon an
- Pouvwa panse nou yo
- Edikasyon finansye
- Wòl aksyon masiv

FOUNDATIONS FOR SUCCESS SERIES

The foundations for success is a series focused on Self-Management and designed to accompany the early socio-emotional development of children.

It is a structured approach that gives educators the tools to teach children the foundational skills that will assist them in building a successful life.

All lessons are taught through real life stories that that children can relate to. Each book comes with practical exercises and additional materials that help the child connect the lesson to their own life and circumstances.

Examples of themes covered in this series are:

- The importance of being dedicated to learning
- The importance of embracing challenges
- The importance of having big goals and dreams
- Understanding the law of rhythm of life
- The importance of perseverance
- The importance of having consistency
- Learning to stand up for oneself
- Developing "me leadership"
- The law of circulation
- The power of thoughts
- Financial literacy
- The role of massive action

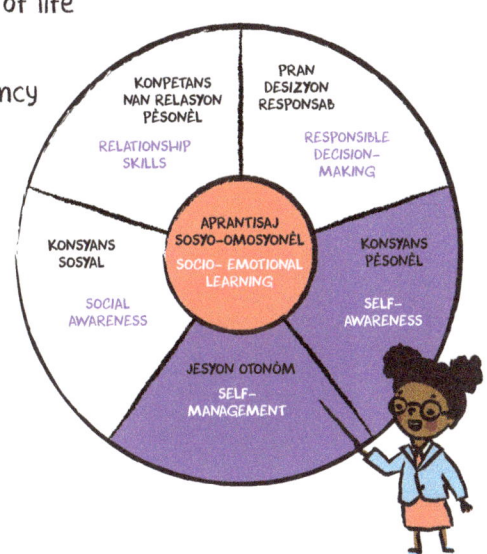

Publisher's Cataloging-In-Publication Data
(Prepared by Xponential Learning, Inc.)
Names: Krystel Armand, author | Oksana Vynokurova, illustrator.
Title: La Petite Pétra. Non ! Pa yon lòt egzamen ! = No, not another quiz! Krystel Armand ; illustrated by Oksana Vynokurova.
Other Titles: Non ! Pa yon lòt egzamen ! | No, not another quiz!
Description: [Miami, Florida] : Xponential Learning Inc, 2022. | Series: La Petite Pétra | Bilingual. Haitian French Creole and English. | Interest age level: 005-009. | Summary: 'Lili always crumbles when taking exams, even though she understands the lessons. Her cousin Polo reminds Lili that thoughts influence results.'--Provided by publisher.

First Publication: September 2022
XPONENTIAL LEARNING INC
Copyright © 2022 Krystel Armand

All rights reserved. No part of this publication may be reproduced, distributed, or transmitted in any form or by any means, including photocopying, recording, or other electronic or mechanical methods, without the prior written permission of the publisher, except in the case of brief quotations embodied in critical reviews and certain other noncommercial uses permitted by copyright law.

La Petite Pétra™
NON ! PA YON LÒT EGZAMEN !

No, not another quiz!

Otè / Author **Krystel Armand**

Ilistrasyon / Illustrations **Oksana Vynokurova**

Lili al fè devwa l apre lekòl ak yon titè. Li revize chapit pwofesè lekòl la te mande etidye.

Lili goes to her after-school study program. She reviews the chapter with her tutor.

Lili fè yon kanpe kay Petra anvan li rantre lakay li. Li jwenn Polo ki te pase wè Petra tou, epi t ap jwe avè l.

Lili stops by Petra's house on her way home. Polo has stopped by, too, and is playing with Petra.

Menm lè m etidye yon leson epi mwen konnen l, lè mwen rive devan egzamen an, mwen bliye tout bagay.

Remember what my mom told us. Whatever pictures we hold in our minds will happen in our lives.

Don't imagine your mind going blank during the quiz. Instead, picture that you know what to answer for each question.

Koute, Lili. Sa mwen di w la mache. Mwen pa t konnen se sa mwen te kòn fè jis tan manman Petra te vin eksplike nou li.

Listen, Lili, it works. I didn't even know that's what I do until Petra's mom explained it to us.

Vreman ?

Really?

lè mwen fin etidye, mwen toujou wè tèt mwen k ap reyisi. Mwen santi rezilta a gen tan la. Epi panse mwen yo vin yon reyalite.

After I study, I always see myself doing great in my mind. I feel as if it's already happened. And my thoughts become a reality.

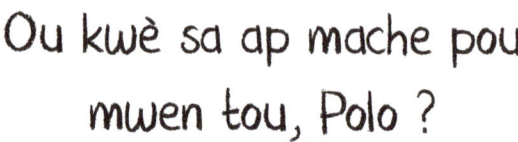

Now that you did the work, match your mind with the the results you want. Don't just imagine what will happen tomorrow. Also practice how you'll feel when you do well on the quiz.

Just try it! You have nothing to lose. It takes practice, so if it doesn't work the first time, give it another try.

lè Lili al dòmi, li kòmanse panse a egzamen an epi l enkyè.

When Lili goes to bed that night, she starts to worry about the quiz.

Mè apre li vin sonje sa maman Petra ak Polo te di, li ranplase panse enkyetid li yo ak yon imaj rezilta l ap chèche a.

> But then she remembers what Petra's mom and Polo said. She replaces that worry with the picture in her mind of the result she wants.

Lè Lili rive lekòl nan lendemen, li kòn tout repons nan egzamen an . Tout repons yo vin lan tèt li a lèz.

When Lili gets to school the next day, she knows all the answers on the quiz. The answer to each question comes to her easily.

Sonje, panse w yo ap vin tounen reyalite pa w !

Remember,
your thoughts will become your reality!

EGZÈSIS PRATIK

- Ki leson w aprann nan liv sa a pou bati siksè w ?

- Lè w etidye pou yon egzamen, èske w imajinen tèt ou k ap reyisi ou byen k ap echwe ?

- Nan ki lòt kote nan lavi w ou te ka aplike leson sa a ?

PRACTICAL EXERCISES

- What is the success lesson in this book?

- When you study for an exam, do you view yourself as doing well or failing the exam?

- In what other area of your life could you apply this lesson?

VOKABILÈ BILENG OU
YOUR BILINGUAL VOCABULARY

demen — tomorrow

egzamen — quiz

chapit — chapter

titè — tutor

kay — house

enkyè — worried

etidye
to study

leson
lesson

jwe
to play

sonje
to remember

imajinen
to imagine

panse
thoughts

kesyon
question

reponn
answer

nòt
score

KONSÈY POU EDIKATÈ A

Liv sa a baze sou konpreyansyon nou genyen sou pouvwa panse nou yo. Nou toujou ap rale nan direksyon panse nou yo.

Ou ka jwenn yon eksplikasyon sou prensip sa a nan lwa vibrasyon an. Dapre lalwa Vibrasyon, tout bagay nan linivè a vibre oswa deplase. Chak objè, moun, evènman oswa sikonstans gen yon vibrasyon. Nan zafè vibrasyon, se menm youn ki atire menm lòt. Dayè, nou atire sikinstans nou viv yo baze sou vibrasyon k ap pase nan nou.

Lè ou pran konsyans nan ki vibrasyon ou ye, sa rele santiman. Panse nou defini ki jan nou santi nou, kidonk nan ki vibrasyon nou ye.

Lè nou chwazi panse a rezilta pozitif la, sa n ap fè esansyèlman se aliyen tèt nou sou vibrasyon rezilta pozitif sa a.

Anpil sistèm kwayans diferan bay yon eksplikasyon diferan pou fenomèn sa a. Sepandan, an final, rezilta a se sa ki enpòtan. Lè nou konsantre panse nou sou rezilta n ap chèche a, n ap rale rezilta sa a sou nou tandiske si nou kite panse nou drive sou rezilta endezirab, se rezilta sa yo n ap rale sou nou.

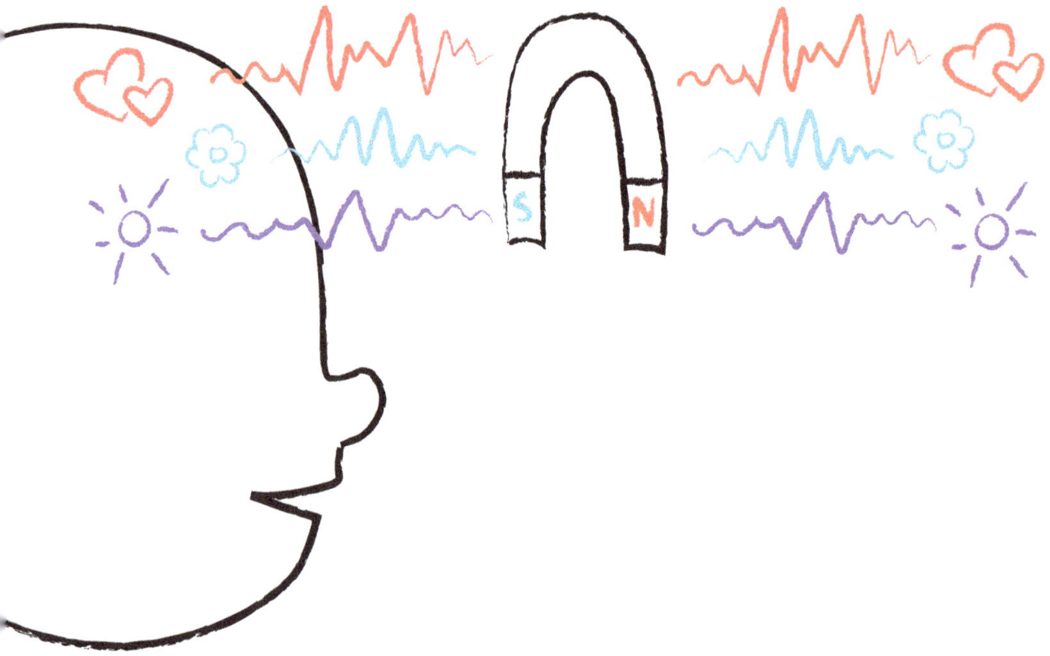

EDUCATORS TIPS

This book is based on our understanding of the power of thoughts. We are constantly pulled towards the object of our thoughts.

An explanation of this principle can be found in the Law of Vibration. According to the Law of Vibration, everything in the universe vibrates or moves. This includes every object, person, event, or circumstance. In matters of vibrations, like attracts like. Consequently, we attract circumstances based on the vibrations we are in.

The conscious awareness of vibrations is called feelings and our thoughts define how we feel, thus the vibration we are in.

When we choose to think of the positive outcome, what we are essentially doing is aligning ourselves on the vibration of that positive outcome.

Many different belief systems provide a different explanation for this phenomenon. However, at the end of the day, the outcome is what matters. Focusing our thoughts towards a desired result will pull us towards that outcome, whereas letting our thoughts drift towards an unwanted outcome will equally pull us towards that outcome.

LÒT SERI

Liv bileng nou yo genyen plizyè nivo lekti, lang ak sijè tankou :

Seri Dekouvèt Ayiti a, ki gen pou objektif pou timoun yo dekouvri diferan pati an Ayiti ak divès aspè nan kilti ayisyen an. Seri sa a enkli chante tradisyonèl ayisyen tou.

Seri Konsèp De baz yo, ki gen pou objektif aprann timoun yo tout konsèp debaz syantifik yo (tankou koulè, aprann konte, fòm) nan lang manman timoun la epitou lang l ap eseye aprann lan.

Seri istwa lè dòmi, ki gen ladann plizyè istwa kout pou pratike konpetans bileng timoun nan.

Seri epòk KOVID-19, ki gen pou objektif dokimante epòk KOVID-19 la, konprann sa li te ye lè li fenk parèt la ak ki jan li afekte timoun nan kominote a.

SERI ISTWA LÈ DÒMI
BEDTIME STORIES SERIES

SERI KONSÈP DE BAZ
BASIC CONCEPTS SERIES

OTHER SERIES

Our bilingual books include various reading levels, languages and topics such as:

The Haiti Discovery series, which is all about discovering different parts of Haiti and various aspects of the Haitian culture including traditional Haitian songs.

The Basic Concepts series, which is all about learning basic STEM concepts (like colors, counting, shapes) in both the child's mother tongue and the target language.

Bedtime story series, which includes various short stories to practice the child's bilingual skills.

The COVID-19 era series, which is all about documenting the COVID-19 era, understanding what it was and how it affected children in our community.

SERI DEKOUVÈT AYITI
HAITI DISCOVERY SERIES

SERI EPÒK KOVID-19
COVID-19 ERA SERIES